LE CORDON BLEU

RECETAS CASERAS

·GUISOS·

KÖNEMANN

contenido

 para principiantes 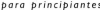 *para cocineros poco experimentados*   *para cocineros expertos*

Vaca guisada en salsa de eneldo

La carne de vaca o buey cocinada a fuego lento y con salsa de eneldo es una magnífica alternativa a las recetas más tradicionales. Este plato queda delicioso con una guarnición de verduras frescas y patatas nuevas.

Tiempo de preparación 25 minutos
Tiempo de cocción 2 horas 15 minutos
Para 4 personas

1 kg de tapa o tapilla de cadera de vaca o buey ("filete de pobre") atada para asar
1 zanahoria grande cortada en trozos de 4 cm de longitud
3 cebollas en cuartos
1 tallo de apio cortado en trozos de 4 cm de longitud
1 diente de ajo en cuartos
600 ml de caldo oscuro (vea página 63)
1 hoja pequeña de laurel
35 g de mantequilla
30 g de harina
150 g de crema agria (vea Nota del chef)
10 g de eneldo fresco picado ó 3 g de eneldo seco

1   Precaliente el horno a 180°C. Ponga al fuego una cazuela refractaria de unos 2,5 litros de capacidad con un poco de aceite.

2   Dore ligeramente la carne en la cazuela por todos los lados, incluidos los extremos, y luego pásela a un plato. A fuego más suave, rehogue la zanahoria, la cebolla y el apio hasta que se doren, removiendo con frecuencia. Añada el ajo y la carne a la verdura, y vierta el caldo, que ha cubrir la pieza de carne hasta la mitad. Sazone con sal y pimienta negra recién molida e incorpore la hoja de laurel. Lleve a ebullición, luego reduzca el fuego, cubra la cazuela con papel encerado y tápela. Ponga la cazuela a cocer en la encimera o introdúzcala en el horno durante 1 1/2 horas, girando la carne cada 30 minutos. Al cabo de 1 1/2 horas, compruebe que la carne haya quedado tierna pinchándola con un cuchillo afilado; si es necesario, prosiga la cocción entre 15 y 30 minutos más.

3   Para elaborar la salsa, derrita la mantequilla en una cacerola, añada la harina y déjela cocer a fuego bajo hasta que la mezcla adquiera un color claro. Entonces retírela del fuego y deje que se enfríe.

4   Retire la carne de la cacerola y colóquela en un plato, tapada con papel encerado para evitar que se seque. Cuele 600 ml del líquido de cocción a una jarra, deseche las verduras y el laurel, y retire la grasa de la superficie.

5   Añada poco a poco la mayor parte del líquido a la mezcla de mantequilla y harina, y bata bien hasta que quede homogénea y sin grumos. Caliente otra vez la salsa a fuego moderado hasta que se espese, luego suba la temperatura y dé un hervor, removiendo constantemente. Deje cocer la salsa durante 3 minutos o hasta que tenga la consistencia del almíbar. Vierta la crema agria y redúzcala 3 minutos más, hasta que se pegue al dorso de una cuchara. Aderece con el eneldo, sazone de nuevo si hace falta y déjela tapada.

6   Retire el cordel, trinche la carne en rodajas de 3 mm de grosor y rocíelas con el líquido de cocción restante para que no se sequen. Vierta un poco de salsa en una cazuela limpia o en una fuente poco profunda. Coloque la carne en ella y riegue con la salsa. Cubra y mantenga caliente durante 5 minutos antes de servirla.

Nota del chef Para obtener una salsa más clara, emplee crème fraîche en lugar de crema agria.

Si desea preparar este plato con antelación, deje la carne ya cortada en una cacerola con algo del líquido de cocción y cúbrala con un papel encerado untado con mantequilla. En el momento de servir, caliente la carne en el mismo recipiente y también la salsa.

Risotto asado con setas

El risotto tradicional se cocina en el fuego y se debe remover constantemente. Este plato, preparado en el horno, precisa menor atención pero conserva todo el delicioso sabor y textura de la receta clásica.

Tiempo de preparación 15 minutos + 2 horas en remojo
Tiempo de cocción 1 hora
Para 6 personas

15 g de setas secas, colmenillas o porcini
875 g de caldo de pollo (vea página 63) o de verduras
60 g de mantequilla
1 cebolla picada fina
1 diente de ajo picado fino
200 g de champiñones planos cortados en láminas finas
220 g de arroz (variedad arborio, si es posible)
75 ml de jerez seco
1 ramita de romero fresco
2–3 cucharadas de queso parmesano rallado fino
2 cucharadas de queso parmesano rallado grueso

1   Coloque las setas secas en un bol hondo, vierta el caldo hirviendo por encima y déjelas en remojo durante 2 horas.

A continuación, escúrralas con un colador fino y reserve el líquido. Pique las setas en trocitos. En el horno precalentado a 150°C, introduzca una cazuela refractaria de 6 cm de altura y de 1,75 litros de capacidad.

2   Derrita la mantequilla en una cacerola; sofría primero la cebolla y el ajo durante unos 7 minutos, y luego los champiñones frescos y las setas secas picadas otros 15 minutos. Incorpore el arroz y rehogue durante 1 minuto. Vierta el líquido de las setas que había reservado, pero deje el poso en el bol. Agregue el jerez, sazone con sal y pimienta, y añada luego el romero. Aumente el fuego y, en cuanto el líquido empiece a hervir, pase el guiso a la cazuela del horno y cocínelo en la bandeja central durante 15 minutos. Esparza el parmesano rallado fino y prosiga la cocción en el horno otros 20 minutos.

3   Remueva el risotto en cuanto lo extraiga del horno. Retire y deseche el romero, y sazone con sal y pimienta negra recién molida. Sirva el risotto de inmediato, con el resto del queso espolvoreado por encima.

Pescado Dugléré

Este plato recibe el nombre de Adolphe Dugléré, un famoso cocinero francés del siglo XIX. La cremosa salsa de vino blanco y tomate puede tomarse con cualquier pescado tipo platija.

Tiempo de preparación 45 minutos
Tiempo de cocción 55 minutos
Para 4 personas

40 g de mantequilla
1 cebolla pequeña picada fina
2 cucharadas de chalotes bien picados
4 filetes de pescados planos, como la platija, el turbot,
  el rodaballo o el lenguado, de 185–250 g cada uno
185 ml de vino blanco seco
1 kg de tomates pelados, sin semillas y triturados
60 ml de nata espesa
60 g de mantequilla recién sacada del frigorífico
  y cortada en dados
1 cucharada de perejil fresco picado

1   Unte bien una cacerola con mantequilla. Esparza la cebolla y los chalotes en el fondo del recipiente y sazone con sal y pimienta. Disponga los filetes de pescado encima, riegue con el vino y cubra con un círculo de papel parafinado untado con mantequilla. A fuego medio y lleve el contenido a ebullición. Cueza los filetes de 5 a 10 minutos, hasta que la carne se vuelva blanca y se despedace con sólo presionarla. Retire el papel parafinado y traslade el pescado a una fuente pequeña. Tápelo con el fin de que se mantenga caliente.

2   Añada a la sartén el tomate natural triturado y suba el fuego. Lleve a ebullición el conjunto y déjelo cocer hasta que se evapore casi todo el líquido. Incorpore, a continuación, la nata y dé otro hervor. Agregue los dados de mantequilla mientras remueve bien, luego retire la cacerola del fuego y espolvoree con el perejil picado. No deje que la salsa hierva otra vez.

3   Cuele los jugos de cocción del pescado en la salsa de tomate. Sazónela al gusto con sal y pimienta negra recién molida y viértala sobre el pescado. Sirva este plato al instante.

Cazuela de pollo con champiñones y cebollas

Los deliciosos sabores de la cebolla, del bacon y de los champiñones combinan de maravilla con el del pollo en esta popular receta. Mientras el guiso se cocina lentamente en el horno, tendrá tiempo para hacer otras cosas.

Tiempo de preparación 25 minutos
Tiempo de cocción 1 hora 20 minutos
Para 4–6 personas

12 cebollitas pequeñas
60 g de bacon entreverado sin corteza y cortado en trozos de 1 cm
80 g de mantequilla (preferiblemente clarificada)
1,5 kg de pollo cortado en 8 trozos (vea página 62)
100 g de champiñones cortados en cuartos o enteros si son muy pequeños
30 g de harina
600 ml de caldo de pollo
bouquet garni (vea página 63)
perejil picado fresco para decorar

1   Precaliente el horno a 170°C. Coloque las cebollitas y el bacon en una cacerola, cúbralos con agua fría y lleve a ebullición. Escurra las cebollitas y el bacon y aclárelos con agua fría. Derrita al fuego 60 g de mantequilla en una cazuela refractaria honda de 2,5 litros de capacidad. Incorpore los trozos de pollo por tandas, y fríalos con la piel hacia abajo durante unos 10 minutos, hasta que se doren bien. Retire la carne del fuego y colóquela sobre papel absorbente para que se escurra.

2   Retire los jugos de cocción de la cazuela, dejando en el recipiente 2 cucharadas de poso. En la grasa que ha quedado, rehogue el bacon, las cebollitas y los champiñones durante 3 minutos, hasta que se doren ligeramente, y luego retírelos. En la misma cazuela derrita el resto de la mantequilla, añada la harina y remueva con una cuchara de madera; rasque el fondo. Deje cocer durante 3 minutos, hasta que la mezcla se dore ligeramente. Vierta poco a poco el caldo de pollo y caliéntelo, sin que llegue a hervir, removiendo con frecuencia para que no se formen grumos.

3   Coloque el pollo en la cazuela junto con el bouquet garni, salpimiéntelo y espolvoree con el picado de bacon, cebolla y champiñones. Lleve el líquido a ebullición, tape la cazuela e introdúzcala en el horno durante 45 minutos, hasta que la carne esté tierna y los jugos claros, no rojos.

4   Coloque el pollo en una fuente, retire el bacon y las verduras con una espumadera y espárzalos sobre la carne. Tape el plato para que se mantenga caliente y, si es necesario, reduzca la salsa hasta que tenga la consistencia de un almíbar. Sazónela al gusto y viértala sobre el pollo. Espolvoree con perejil y sirva esta cazuela acompañada de arroz, pasta, puddings o patatas hervidas.

Navarin de cordero

*El nombre de este tradicional estofado de cordero y patatas, creado hace más de ciento ochenta años,
parece provenir de uno de sus principales ingredientes, el "navet" o nabo en francés. Si lo desea,
puede añadir además otras verduras, como se ha hecho en esta receta.*

Tiempo de preparación 45 minutos
Tiempo de cocción 2 horas
Para 4 personas

1 kg de paletilla de cordero deshuesada
80 ml de aceite
40 g de mantequilla
1 cebolla grande picada fina
1 cucharada de salsa de tomate
2 tomates grandes pelados, sin semillas y picados
3 dientes de ajo picados
1 cucharada de harina
bouquet garni (vea página 63)
150 g de guisantes desgranados
1 zanahoria grande cortada en trozos de 5 cm
2 nabos pelados y cortados en cuartos
12 patatas nuevas
1 cucharada de perejil fresco picado

1   Precaliente el horno a 200°C. Limpie la carne del exceso
de grasa y córtela en dados de 2,5 cm. Caliente aceite en una
sartén y dore los trozos de cordero por tandas. Retire la carne
de la sartén, escurra el aceite y resérvelo.

2   Ponga al fuego una cazuela refractaria de 3 litros de capacidad y derrita la mantequilla. Sofría ligeramente en ella la
cebolla unos 5 minutos, sin que llegue a dorarse. Añada la
salsa de tomate y caliéntela a fuego medio durante 2 minutos. Incorpore a continuación el tomate y rehogue otros
3 minutos. Añada el ajo y mézclelo bien, incorpore luego el
cordero y los jugos de cocción, espolvoree la superficie con
harina e introduzca la cazuela en el horno durante 5 minutos.

3   Retire la cazuela del horno y colóquela a fuego medio.
Después de mezclar la harina, vierta poco a poco 1,5 litros
de agua hirviendo. Remueva bien, rascando los laterales y el
fondo del recipiente. Deje que hierva lentamente unos minutos; retire la espuma de vez en cuando. Añada luego el
bouquet garni, salpimiente el guiso, tápelo e introdúzcalo
1 hora más en el horno. Cueza los guisantes en una cacerola
con agua salada durante 3 minutos. Escurra los guisantes,
refrésquelos con agua fría, escúrralos de nuevo y resérvelos.

4   Retire la cazuela del horno y baje el fuego a moderado.
Añada la zanahoria, los nabos y las patatas, y a los 15
minutos, los guisantes. Guise hasta que la carne y las patatas
estén tiernas; necesitará unos 15 minutos. Deseche el
bouquet garni y sazone al gusto. Justo en el momento de
llevar el plato a la mesa, espolvoree con el perejil.

Bistec con chalotes, crème fraîche y anchoas

Estos suculentos bistecs de vaca o buey, coronados con una salsa cremosa de anchoas aderezada con brandy, constituyen un plato original y rápido de preparar, ideal para la cena.

Tiempo de preparación 10 minutos + 15 minutos en remojo
Tiempo de cocción 10 minutos
Para 4 personas

6 anchoas
125 ml de leche
I cucharada de aceite
4 bistecs de solomillo de unos 175 g cada uno
30 g de mantequilla
3 chalotes picados finos
I cucharada de brandy
125 ml de crème fraîche
60 ml de caldo oscuro (vea página 63)

1   Disponga las anchoas en un bol pequeño y riéguelas con la leche. Déjelas 15 minutos en remojo y luego escúrralas. Deseche la leche y pique las anchoas en trocitos. Caliente aceite en una sartén grande de fondo pesado. En cuanto empiece a humear, incorpore los bistecs y fríalos 2 minutos por cada lado para que queden en su punto. Según el tamaño de la sartén, tal vez tenga que hacer la carne en dos veces. Retire los bistecs de la sartén y manténgalos calientes.

2   Derrita la mantequilla en la misma sartén. Rehogue los chalotes picados, removiendo constantemente, durante 2 ó 3 minutos hasta que estén traslúcidos. Riegue con el brandy y deje hervir 30 segundos; luego retire la sartén del fuego. Añada la crème fraîche, las anchoas picadas, el caldo y una pizca de pimienta negra. Mezcle bien, deje cocer de nuevo la salsa otros 2 minutos y retírela del fuego.

3   Sirva los bistecs en 4 platos calentados, con la salsa caliente por encima.

Nota del chef Para elaborar esta receta, también puede emplear filetes o bistecs delgados de tapa de buey en vez de solomillo.

Estofado de garbanzos especiados

Este estofado de garbanzos con guindilla, pimientos y tomates es un reconfortante plato para el invierno.
Los garbanzos son ideales para los vegetarianos, pues su sabor a nuez es una delicia y apenas tienen grasas.

Tiempo de preparación 20 minutos + una noche en remojo
Tiempo de cocción 1 hora 40 minutos
Para 4–6 personas

275 g de garbanzos secos
2 cucharadas de aceite de oliva
1 cebolla grande picada
3 dientes de ajo majados
1/2–1 cucharadita de guindilla roja picada
1 pimiento amarillo grande picado
1 pimiento rojo grande picado
400 g de tomate de lata triturado
250 ml de caldo de verduras
3 cucharadas de perejil fresco picado

1   Disponga los garbanzos en un bol, cúbralos con abundante agua fría y déjelos toda la noche en remojo. Hecho esto, escurra los garbanzos y póngalos a cocer en una cacerola con agua hirviendo 1 hora, hasta que estén tiernos. Escúrralos bien.

2   Caliente el aceite en otra cacerola y sofría la cebolla a fuego medio durante unos 5 minutos. Cuando esté tierna y ligeramente dorada, añada el ajo y sofría 1 minuto más.

3   Incorpore la guindilla y los pimientos, y rehogue hasta que éstos se ablanden, removiendo de vez en cuando; necesitará unos 5 minutos. Agregue los tomates, el caldo y los garbanzos, y lleve a ebullición.

4   Reduzca el fuego y prosiga la cocción durante 25 minutos, hasta que los garbanzos estén tiernos y la salsa se haya reducido y se haya espesado ligeramente. Justo antes de servir el estofado, agregue el perejil.

Cazuela de venado

El venado es la carne de caza mayor más común y posee un sabor característico. En esta receta, el venado se guisa perfectamente en vino y a fuego lento acompañado con cebollas, champiñones y ajo; a continuación, se añade gelatina de grosellas y bayas de enebro para obtener este magnífico plato.

Tiempo de preparación 30 minutos
Tiempo de cocción 2 horas
Para 4 personas

750 g de carne de venado para asar deshuesada
  ó 2 kg de chuletas de venado
185 g de cebollitas pequeñas
2 cucharadas de aceite de oliva
250 g de champiñones
1 diente de ajo majado
1 cucharada de harina
250 ml de vino tinto
1 cucharada de gelatina de grosellas
6 bayas de eneldo machacadas

1   Precaliente el horno a 170ºC. Si emplea carne de venado sin hueso, córtela en trozos de 4 cm.

2   Coloque las cebollas en un cazo y cúbralas con agua fría. Dé un hervor, reduzca el fuego, cueza las cebollas durante 2 minutos y escúrralas. Ponga a fuego vivo una cazuela refractaria de 2,5 litros de capacidad con aceite. Cuando el aceite esté bien caliente, fría la carne por tandas durante 1 ó 2 minutos por cada lado, hasta que se dore completamente. Retire la carne de la cazuela y manténgala caliente.

3   Incorpore las cebollas y dórelas ligeramente en el aceite. Añada los champiñones y el ajo y rehóguelos durante 1 minuto. Espolvoree la harina y fría 1 minuto más, removiendo bien. Vierta el vino, 250 ml de agua y una pizca de sal, y llévelo a ebullición. Vuelva a colocar la carne en la cazuela y déjela tapada en el horno durante 1 1/2 horas.

4   Retire la cazuela del horno y cuele el fondo de cocción en un cazo. Lleve el líquido a ebullición y redúzcalo durante 1 minuto. Añada la gelatina de grosellas, las bayas de eneldo y dé otro hervor. Condimente al gusto con sal y pimienta negra recién molida, y luego vierta el líquido sobre la carne. Introduzca de nuevo la cazuela en el horno y prosiga la cocción otros 15 minutos, para que se caliente todo bien. Sirva la cazuela todavía hirviendo acompañada de un puré elaborado con patatas y apio–nabos.

Cioppino

Se dice que este plato, de sonoro nombre italiano, fue inventado en San Francisco por inmigrantes procedentes de Italia. La combinación de pescado y marisco con tomates y hierbas resulta deliciosa acompañada de pan crujiente.

Tiempo de preparación 45 minutos
Tiempo de cocción 35 minutos
Para 6–8 personas

750 ml de vino blanco
2 cebollas picadas finas
2 hojas de laurel
4 ramitas de tomillo fresco
1 kg de mejillones bien rascados y sin filamentos
30 g de albahaca fresca
80 ml de aceite de oliva
1 pimiento verde picado
1 tallo de apio picado
1 zanahoria picada
4 dientes de ajo picados
2 cucharadas de salsa de tomate
3 latas de tomate triturado de 400 g cada una
2 colas de langosta de 250 g congeladas
500 g de filetes de pescado blanco
500 g de pinzas de cangrejo congeladas
1 kg de gambas grandes crudas, con el caparazón
500 g de vieiras
4 dientes de ajo bien picados para la salsa de albahaca
2 cucharadas de aceite de oliva virgen extra

1 Ponga en una cacerola el vino, la mitad de la cebolla, una hoja de laurel, dos ramitas de tomillo y los mejillones. Tápela, lleve a ebullición y cueza durante 5 minutos. Retire los mejillones de la cazuela y descarte los que no se hayan abierto. Cuele y reserve el líquido de cocción.

2 Quite las hojitas a la albahaca y resérvelas. Forme un ramillete con los tallos de la albahaca, el resto del tomillo y una hoja de laurel, uniéndolos con un cordel.

3 Caliente el aceite en una cacerola y sofría 3 minutos el resto de la cebolla, el pimiento, el apio, la zanahoria y el ajo. Añada la salsa de tomate y cueza otros 2 minutos, removiendo con frecuencia. Incorpore los tomates, el ramillete de hierbas y el líquido de los mejillones. Lleve a ebullición y deje que hierva 10 minutos a fuego más bajo.

4 Mientras tanto, corte con un cuchillo grande y afilado las colas de langosta descongeladas en tres o cuatro trozos. Corte igualmente el pescado en dados y rompa la cáscara de las pinzas de cangrejo con un cascanueces o un mazo. Retire las valvas de los mejillones; pele las gambas, retíreles la vena negra y deje las colas con el caparazón.

5 Retire el ramillete de hierbas de la cacerola y añada el marisco, excepto los mejillones. Cuando haya hervido 10 minutos, incorpore los mejillones y caliente bien el guiso.

6 Para preparar la salsa de albahaca, pique las hojas finas y mézclelas con el ajo y el aceite de oliva. Sazone al gusto, vierta la salsa en la cazuela y acompañe con pan crujiente.

Conejo salteado con champiñones

La carne del conejo tiene muy poca grasa, lo cual hace aún más atractivo este sabroso plato. El conejo a la cazuela con champiñones, chalotes y tomates, cocinado a fuego lento en vino blanco y aderezado con el sabor de hierbas frescas, es perfecto para tomarlo en una ocasión especial.

Tiempo de preparación 25 minutos
Tiempo de cocción 1 hora 20 minutos
Para 4 personas

1,8 kg de conejo cortado en 8 trozos
80 g de mantequilla
130 g de champiñones cortados en láminas
2 chalotes picados
250 ml de vino blanco
3 tomates grandes pelados, sin pepitas y picados
500 ml de caldo oscuro (vea página 63)
bouquet garni (vea página 63)
1–2 cucharaditas de estragón fresco picado
1 cucharada de perifollo fresco picado

1 Condimente el conejo con sal y pimienta, y precaliente el horno a 180ºC. Derrita la mitad de la mantequilla en una cazuela grande para el horno y dore la carne a fuego medio por tandas. Retire los trozos de conejo y resérvelos. Después de desechar la grasa que haya quedado en el recipiente, ponga de nuevo en el fuego y añada el resto de la mante-

quilla. Incorpore los champiñones primero y luego los chalotes, rehogando cada vez durante 3 minutos. Riegue con el vino y continúe la cocción otros 3 minutos, hasta que se consuma casi todo el líquido.

2 Añada el tomate y mézclelo bien. Llévelo a ebullición, reduzca el calor y hierva lentamente durante 10 minutos. Vierta el caldo y el bouquet garni y déjelo cocer de nuevo otros 5 minutos, retirando la espuma o la grasa que se forme en la superficie.

3 Coloque de nuevo el conejo en el recipiente y déle un hervor. Introduzca la cazuela tapada en el horno y cueza durante 20 ó 25 minutos. Para comprobar que la carne haya quedado tierna, tome un trozo grueso con un tenedor: debería desprenderse fácilmente del hueso. Pase el conejo a una fuente y tápelo para evitar que se enfríe. Ponga la cazuela al fuego y retire el bouquet garni. Deje cocer la salsa entre 5 y 10 minutos, espumando si hace falta. Rectifique de sal y compruebe la consistencia de la salsa. En caso de que no esté lo suficientemente espesa, déjela hervir otros 5 minutos o hasta que adquiera la consistencia deseada.

4 Espolvoree el estragón y el perifollo picados sobre la salsa, rocíe con ella el conejo y sírvalo de inmediato.

Bœuf à la flamande

Esta receta tradicional flamenca consiste en carne de vaca o buey bien tierna y cebollas guisadas lentamente en cerveza con azúcar. El resultado es este plato caliente que se agradece sobre todo en las noches frías de invierno.

Tiempo de preparación 30 minutos
Tiempo de cocción 3 horas
Para 4 personas

1 kg de tapa de vaca o buey, o filete de pobre
   cortado en ocho bistecs de 1 cm de grosor
3 cucharadas de manteca de cerdo o aceite
4 cebollas pequeñas cortadas en aros finos
3 cucharadas de harina
1 cucharada de salsa de tomate
1 litro de cerveza (que no sea amarga)
bouquet garni (vea página 63)
3 bayas de eneldo
1 cucharada de azúcar
1,25 litros de caldo oscuro (vea página 63)

1 Precaliente el horno a 180°C. Sazone la carne con sal y pimienta. Derrita la manteca de cerdo o el aceite en una cazuela refractaria y dore en ella la carne a fuego vivo y por tan-das. Retírela de la cazuela y resérvela. Reduzca el fuego, añada la cebolla y sofría de 10 a 15 minutos, hasta que esté blanda y ligeramente dorada.

2 Incorpore la harina y la salsa de tomate y deje cocer unos 3 minutos a fuego lento, removiendo bien. Vierta poco a poco la cerveza y luego añada el bouquet garni, las bayas de eneldo y el azúcar; a continuación, suba el fuego y lleve a ebullición, sin dejar de remover. Vierta el caldo, déle otro hervor, añada luego la carne y guise durante 5 minutos. Retire la grasa que flota en la superficie. Introduzca la cazuela en el horno, tapada, entre 1 1/2 y 2 horas.

3 Para asegurarse de que la carne resulta tierna, tome una porción y córtela. Si todavía está algo dura, introdúzcala en el horno y continúe la cocción otros 15 minutos. En cuanto el buey esté listo, retírelo de la cazuela, cúbralo y resérvelo. Ponga la salsa al fuego, llévela a ebullición y retire la espuma y la grasa. Deje que hierva unos 10 minutos, hasta que esté lo suficien-temente espesa para que se pegue al dorso de una cuchara. Sazone al gusto. Disponga los bistecs de buey en el plato y rocíelos con la salsa en el momento de servir.

Riñones de ternera salteados en vino blanco

*Los riñones de ternera cocinados con vino blanco, chalotes y hierbas son un plato sencillo y delicioso.
Puede adaptarlo al gusto personal, añadiéndole mostaza o bien nata líquida: con estas variaciones
transformará esta única receta en tres platos diferentes.*

*Tiempo de preparación **25 minutos***
*Tiempo de cocción **25 minutos***
Para 4 personas

3 riñones de ternera sin la grasa externa
60 g de mantequilla
4 chalotes picados finos
250 ml de vino blanco
500 ml de caldo oscuro (vea página 63)
I cucharada de perejil fresco picado

1 Corte los riñones por la mitad, retire la bola de grasa del centro y córtelos en dados. A fuego vivo, derrita dos terceras partes de la mantequilla en una cazuela refractaria, y dore en ella los riñones, por tandas, de 2 a 3 minutos, procurando

que no se cuezan demasiado. Retire los riñones del recipiente, resérvelos y manténgalos calientes.

2 Reduzca a fuego medio y derrita la mantequilla restante en la misma cazuela. Sofría los chalotes 1 minuto, sin que se doren; añada el vino y déjelo cocer otros 5 minutos, hasta que se consuma casi por completo. Incorpore el caldo y prosiga la cocción de 8 a 10 minutos más; la salsa ha de quedar lo suficientemente espesa como para pegarse al dorso de una cuchara. Sazone al gusto con sal y pimienta. Añada los riñones y caliéntelos 1 minuto en la salsa, evitando que llegue a hervir. Retire la cazuela del fuego y presente los riñones espolvoreados con perejil.

Nota del Chef Esta receta puede modificarse según el propio gusto. Por ejemplo, puede aderezar la salsa con una cucharada de mostaza antes de sazonarla, y para conseguir un plato más sabroso, sustituir el caldo por nata líquida.

Estofado de judías blancas y salchichas con hinojo

Las judías secas blancas variedad cannellini, ricas en proteínas, calcio y hierro, se cocinan con salchichas italianas anisadas y en una salsa cremosa de hierbas, de manera que este estofado sirve como plato único.

Tiempo de preparación 25 minutos
Tiempo de cocción 1 hora 30 minutos
Para 4 personas

375 g de judías secas variedad cannellini
  u otra variedad blanca
1 cebolla pequeña cortada en dados
1 zanahoria pequeña cortada en dados
1 tallo pequeño de apio cortado en dados
una ramita de tomillo fresco
una ramita de romero fresco
1 cucharadita de granos de pimienta negra
4 salchichas especiadas con hinojo al estilo italiano
60 ml de nata espesa
perejil fresco picado para decorar

MANTEQUILLA DE HIERBAS
1 diente de ajo picado grueso
1 cucharada de perejil fresco picado
1 cucharada de hojitas frescas de romero
1 cucharada de hojitas frescas de tomillo
120 g de mantequilla reblandecida

1 Disponga las judías y las verduras en una cazuela grande refractaria junto con las ramitas de tomillo y romero. Envuelva los granos de pimienta en un trozo de muselina y añada la bolsita al recipiente. Cubra con 1,5 litros de agua fría, ponga la cazuela al fuego y lleve a ebullición; luego reduzca el calor y deje cocer las judías durante 55 minutos.

2 Para preparar la mantequilla de hierbas, machaque con el mortero o pase por el robot de cocina el ajo, el perejil, el romero, el tomillo y la mantequilla hasta obtener una pasta suave. Condimente al gusto con sal y pimienta, y resérvela.

3 Precaliente el horno a 180°C. Dore las salchichas en una sartén con una pizca de aceite. Córtelas en diagonal en cuatro trozos e incorpórelas a las judías cuando haya terminado su tiempo de cocción. Si no queda suficiente líquido para cubrir las judías, añada más agua. Tape la cazuela y déjela cocer en el horno durante 30 minutos o hasta que las judías estén tiernas.

4 Retire las salchichas y resérvelas. Extraiga la bolsita de granos de pimienta y las ramitas de hierbas y deséchelas. Añada la mantequilla de hierbas y la nata al estofado, y sazone al gusto. Disponga las salchichas encima de las judías y espolvoree con perejil picado al llegar el momento de servir.

Vaca a la Cazuela con tortitas de hierbas

Debajo de las tortitas doradas, altas y esponjosas, se halla un guiso de carne de vaca o buey tierna y champiñones:
a buen seguro le entonará el ánimo en un día frío de invierno.

Tiempo de preparación 30 minutos
Tiempo de cocción 2 horas
Para 4–6 personas

2 cucharadas de aceite de oliva
750 g de carne de vaca o buey de calidad para
  cocer o estofar, en dados de 2,5 cm
2 cebollas cortadas en rodajas finas
I diente de ajo majado
I cucharada de harina
200 ml de vino tinto
I cucharada de salsa de tomate
250 g de champiñones planos
  cortados en cuartos

TORTITAS DE HIERBAS
250 g de harina de fuerza
I/4 cucharadita de sal
60 g de mantequilla fría
  cortada en dados
I cucharada de hierbas frescas picadas
  como perejil, romero o tomillo
115 ml de suero de leche (vea Nota del chef)
I huevo batido

1 Precaliente el horno a 150°C. Ponga al fuego una cazuela refractaria con el aceite de oliva. Cuando esté bien caliente, dore la carne por tandas, con pocos trozos en cada tanda, durante 3 ó 4 minutos por cada lado. Retírela del recipiente y resérvela.

2 Añada la cebolla y el ajo, y sofría 2 minutos. Espolvoree con la harina y mezcle con una cuchara de madera, rascando el fondo de la cazuela. Rehogue la harina durante 1 minuto, removiendo constantemente, hasta que se tueste. Vierta progresivamente el vino, 200 ml de agua y la salsa de tomate, y sazone con sal y pimienta negra recién molida. Continúe removiendo hasta que la mezcla empiece a espesar, a continuación, incorpore de nuevo la carne, añada los champiñones y lleve a ebullición. Con la cazuela tapada, guise a fuego moderado en la encimera o en el horno, durante 11/2 horas.

3 Cuando falten 10 minutos para que finalice la cocción del buey, empiece a preparar las tortitas de hierbas. Tamice la harina y la sal en un cuenco amplio, añada la mantequilla y mézclela bien con los dedos: debe parecer miga de pan fina. Incorpore, a continuación, las hierbas y el suero de leche, removiendo con un cuchillo de punta redondeada; la harina debe mezclarse bien y la masa ha de tener la suficiente consistencia para poder sacarla del cuenco y formar una bola. Trabaje la masa rápidamente sobre una superficie algo enharinada hasta que no queden grumos. Allánela con un rodillo o golpeándola con la palma de la mano, hasta que tenga 1,5 cm de grosor, y con un cortapastas corte unos diez círculos de 5 cm de diámetro cada uno.

4 Retire la cazuela del horno y aumente la temperatura a 200°C. Disponga las tortitas sobre la carne y píntelas con el huevo. Coloque la cazuela en la bandeja superior del horno, destapada, y hornee durante 12 minutos o hasta que las tortitas suban y se doren.

Nota del chef Si no encuentra suero de leche, añada una cucharadita de zumo de limón o de leche fresca.

Paella

*Éste plato típico español elaborado con arroz, azafrán y aceite de oliva, tiene numerosas variaciones que incluyen
ingredientes como pollo, marisco, cerdo y chorizo, además de ajo, cebollas, tomates y guisantes. El nombre deriva
de la enorme sartén de dos asas en la que tradicionalmente se cocina y se presenta.*

Tiempo de preparación 30 minutos
Tiempo de cocción 1 hora
Para 4–6 personas

2 pellizcos de hebras de azafrán
3 cucharadas de aceite de oliva
4 muslitos de pollo sin piel cortados a lo largo
   en 2 trozos
1 cebolla grande cortada en aros
300 g de arroz de grano largo
3 tomates sin piel ni semillas y picados gruesos
   ó 250 g de tomate triturado en conserva, escurrido
2 dientes de ajo majados
550 ml de caldo de pollo (vea página 63)
   o caldo de verduras
300 g de mejillones rascados y sin filamentos
8 gambas grandes crudas y con caparazón
150 g de salmón, bacalao o abadejo cortados
   en trozos de 3 cm
90 g de guisantes congelados
80 g de chorizo, jamón o bacon ahumado,
   en lonchas de 5 mm
1 pimiento rojo cortado en trozos de 2,5 cm de largo
   y en rodajas finas
perejil fresco picado para decorar

1 Remoje las hebras de azafrán en dos cucharadas de agua
caliente. Ponga al fuego una sartén ancha y profunda o una
paellera de 30 ó 35 cm de diámetro con el aceite. En cuanto
comience a humear, añada el pollo y fríalo a fuego medio
durante 10 minutos, girándolo para que se dore por todos los
lados. Retire la carne de la sartén y resérvela.

2 A fuego más bajo, sofría la cebolla de 3 a 4 minutos, hasta
que se ablande. Incorpore el arroz y fríalo durante 2 minutos,
removiéndolo bien. Añada los tomates, el ajo y el caldo, y dé
un hervor. Baje el fuego y añada la mitad del pollo, los mejillones, las gambas crudas y el pescado además de los guisantes, el chorizo, el pimiento rojo y el líquido con el azafrán.
Sazone con sal y pimienta.

3 Disponga encima el resto del marisco y de la carne, cubra
con un papel encerado y tape la paellera. Cocine a fuego
lento o en el horno a 160°C durante 30 minutos, hasta que el
arroz esté blando y el líquido se haya consumido. Deseche los
mejillones que no se hayan abierto.

4 Mientras la paella se cuece, no la remueva, pues rompería
el pescado y el plato ofrecería un aspecto descuidado. Añada
un poco más de agua si el arroz todavía no está cocido y se ha
quedado sin líquido. Espolvoree con el perejil picado y sirva
inmediatamente.

Nota del chef Deseche los mejillones que pesen demasiado,
pues seguramente estarán llenos de arena.

Hot pot de Lancashire

*El magnífico sabor de esta cazuela tradicional británica se obtiene de la carne cocida con el hueso,
que aporta su sabor al caldo mientras se cuece.*

Tiempo de preparación **30 minutos**
Tiempo de cocción **2 horas 20 minutos**
Para 4 personas

I kg de chuletas de aguja de cordero
20 g de mantequilla
900 g de patatas peladas
2 cebollas grandes cortadas en aros
2 zanahorias cortadas en rodajas de 2 mm de grosor
1/2 cucharadita de tomillo fresco
I hoja de laurel
400 ml de caldo oscuro (vea página 63)
60 g de mantequilla

1 Precaliente el horno a 180°C. Unte con mantequilla una cazuela refractaria de 3,5 litros de capacidad. Limpie la carne del exceso de grasa, derrita la mantequilla en una sartén y fría rápidamente las chuletas a fuego vivo, hasta que se doren un poco y se sellen, pero sin que terminen de cocerse. Retírelas de la sartén y colóquelas en un plato.

2 Corte las patatas en rodajas de 2 mm de grosor. Extienda un tercio de ellas en el fondo de la cazuela y condiméntelas con una pizca de sal y pimienta. Disponga las chuletas sobre las patatas, esparza la cebolla, la zanahoria y el tomillo, sazone ligeramente y añada la hoja de laurel. Coloque encima las rodajas de patata restantes, procurando que la superficie quede nivelada. Incorpore el caldo, sin que llegue a cubrir la capa superior de patatas; para que éstas no se humedezcan, vierta el líquido por un lado del recipiente. Unte las rodajas con mantequilla derretida y sazone con una pizca de sal y pimienta. Tape y guise en el nivel medio del horno durante 1 1/2 horas.

3 Destape la cazuela y añada algo más de caldo o de agua si las patatas han consumido todo el líquido y las prefiere más jugosas. Introduzca la cazuela destapada en el horno y prosiga la cocción otros 45 minutos o hasta que la carne esté cocida y las patatas de la superficie aparezcan crujientes y doradas. Sirva esta cazuela caliente con una guarnición de verduras de su elección.

Notas del chef No corte las patatas hasta que vaya a incorporarlas a la cazuela o se oscurecerán. Igualmente, no las sumerja en agua fría, porque perderían el almidón que ayuda a que el *hot pot* se espese.

Si lo desea, añada al guiso un riñón de cordero: pártalo por la mitad, retire la bola de grasa del centro y córtelo en trozos de 1 cm. Incorpore los trocitos crudos en la cazuela mientras se está cociendo la carne.

Endibias al horno

Aunque a menudo se emplean en ensaladas, las endibias resultan estupendas guisadas al horno.

Tiempo de preparación 15 minutos
Tiempo de cocción 1 hora 30 minutos
Para 4 personas

60 g de mantequilla
4 endibias
500 ml de caldo de pollo (vea página 63)
  o de agua
1 cucharada de zumo de limón
1/2 cucharadita de azúcar
1 cucharadita de perejil fresco picado

1 Precaliente el horno a 180ºC. Engrase una fuente refractaria con un tercio de la mantequilla. Elimine las hojas exteriores marchitas de las endibias, recorte la punta de la raíz y extraiga la cuña dura del extremo para suavizar su sabor amargo. Lave las endibias y colóquelas en la fuente.

2 Vierta en la fuente el caldo o el agua con el zumo de limón. Sazone ligeramente con sal, pimienta y el azúcar, y llévelo a ebullición. Apague el fuego y cubra la fuente con papel encerado untado con mantequilla y con papel de aluminio. Introduzca el recipiente en el horno de 1 a 1 1/4 horas o hasta que la verdura esté tierna. Retire las endibias del horno y póngalas en un escurridor. Reserve el líquido de la cocción y déjelo cocer a fuego vivo para que se reduzca a almíbar. Retire el líquido y manténgalo caliente.

3 Cuando las endibias se hayan enfriado, átelas por el centro con un cordel de cocina, sin apretar. Derrita la mantequilla en una sartén antiadherente y dore bien las endibias.

4 Retire el cordel, traslade las endibias a una fuente de servir y vierta por encima el líquido de cocinar reducido. Espolvoree con el perejil.

Nota del chef Antes de atar las endibias, puede rodear la parte media con una loncha de bacon.

Estofado de salmón y rodaballo

Aunque el estofado suele ser de pollo o ternera, también puede prepararse con pescado y marisco, como en esta receta: primero se saltean y a continuación se guisan en vino blanco y nata líquida.

Tiempo de preparación 15 minutos
Tiempo de cocción 50 minutos
Para 4 personas

100 g de mantequilla
8 vieiras sin la concha y sin la vena negra
8 langostinos grandes crudos, pelados y sin la vena
200 g de filetes de salmón cortados en 8 trozos
200 g de filetes de lenguado o rodaballo cortados en 8 trozos
2 chalotes picados finos
1 zanahoria cortada en juliana (vea Nota del chef)
1 puerro (sólo la parte blanca) cortado en juliana
60 ml de vino blanco
250 ml de nata líquida
2 cucharadas de cebollino fresco cortado en trocitos

1 Derrita 20 g de mantequilla en una sartén y rehogue los chalotes a fuego vivo. Haga lo mismo con los langostinos, el salmón y el lenguado o rodaballo, dorándolos cada uno por separado en 20 g de mantequilla. Escúrralos sobre papel absorbente y resérvelos.

2 A fuego bajo, derrita la mantequilla restante en una cazuela grande refractaria. Añada los chalotes, sofría de 2 a 3 minutos sin que se quemen y luego agregue la juliana de zanahoria y puerro. Tape y deje cocer a fuego lento durante unos 8 minutos. Vierta el vino y hierva otros 3 minutos, o hasta que el volumen se reduzca en tres cuartas partes: ha de quedar una cucharada de líquido más o menos. Incorpore la nata líquida y prosiga la cocción otros 5 minutos. Añada poco a poco el pescado, sazone al gusto con sal y pimienta negra recién molida, y deje que hierva a fuego lento durante 2 ó 3 minutos. Retire la fuente del fuego y decore con los trocitos de cebollino. Sirva inmediatamente.

Notas del chef El salmón puede sustituirse por cualquier otro pescado de carne firme.

Para darle un sabor mediterráneo, añada a la salsa unas hebras de azafrán remojadas en una cucharada de agua caliente.

Para cortar la verdura en juliana, trocéela en tiras iguales del tamaño y la forma de una cerilla.

Bœuf stroganoff

Esta carne con chalotes y champiñones se saltea en mantequilla y se riega con una salsa de crema agria.

Tiempo de preparación 20 minutos
Tiempo de cocción 30 minutos
Para 4 personas

3 cucharadas de aceite de oliva
600 g de solomillo de vaca o buey cortado en tiras de 5 x 1 cm
30 g de mantequilla
3 chalotes grandes picados finos
1 cucharada de pimentón
50 g de champiñones cortados en láminas finas
25 ml de vinagre de vino blanco
50 ml de brandy
250 ml de caldo de pollo (vea página 63)
200 ml de crema agria
20 g de pepinillos en vinagre cortados en juliana (vea Nota del chef)
20 g de remolacha cocida, cortada en juliana

1 Ponga a fuego vivo una sartén con el aceite y espere a que esté muy caliente. Añada las tiras de carne y fríalas de 3 a 5 minutos, sin dejar de remover, hasta que se doren ligeramente. Retire la carne de la sartén, resérvela y manténgala caliente.

2 Derrita la mantequilla en la misma sartén y sofría en ella los chalotes 2 minutos o hasta que estén tiernos, pero sin que lleguen a dorarse. Añada el pimentón, deje cocer 45 segundos y, tras añadir los champiñones, rehogue a fuego vivo hasta que se consuma la grasa. Vierta el vinagre y deje que hierva 1 minuto. Cuando la sartén se quede casi sin líquido, vierta el brandy y redúzcalo a la mitad. Añada el caldo y redúzcalo hasta la mitad. Por último, agregue la mitad de la crema agria y caliente la carne en la sartén. Sírvala acompañada del Pilaf de verduras y decore con la crema sobrante, los pepinillos y la remolacha cocida.

Nota del chef Para cortar la verdura en juliana, trocéela en tiras iguales del tamaño y la forma de una cerilla.

Pilaf de verduras

Este plato hecho de arroz y verduras es un acompañamiento estupendo para el Bœuf stroganoff.

Tiempo de preparación 10 minutos
Tiempo de cocción 30 minutos
Para 4–6 personas

20 g de mantequilla
1 cebolla picada fina
200 g de arroz de grano largo
375 ml de caldo de pollo (vea página 63)
1/2 zanahoria pelada y cortada en dados pequeños
bouquet garni (vea página 63)
1 calabacín cortado en dados pequeños
50 g de guisantes "baby" congelados

1 Derrita la mantequilla en una sartén grande de fondo pesado y sofría en ella la cebolla durante 1 minuto hasta que esté tierna. Agregue el arroz y remueva bien para bañarlo en la mantequilla. Añada el caldo y luego la zanahoria y el bouquet garni. Llévelo a ebullición, baje el fuego y cueza lentamente con la sartén tapada hasta que el arroz esté blando y se haya consumido todo el líquido; necesitará unos 25 minutos. Retire el bouquet garni.

2 Incorpore al arroz, el calabacín y los guisantes previamente descongelados. Deje reposar el Pilaf, tapado, de 3 a 4 minutos antes de servirlo caliente junto con el Bœuf stroganoff.

Bœuf stroganoff (abajo) y Pilaf de verduras

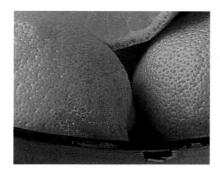

Blanqueta de ternera

Una blanqueta es un plato clásico de la burguesía francesa. Su nombre deriva de 'blanc', blanco. Se elabora siempre con carne blanca guisada en caldo limpio o agua y se adereza luego con nata líquida.

Tiempo de preparación 20 minutos
Tiempo de cocción 2 horas 10 minutos
Para 4 personas

1,4 kg de carne de ternera para guisar, como espaldilla
I zanahoria en cuartos
I cebolla pequeña en cuartos
I tallo de apio en cuartos
bouquet garni (vea página 63)
I cucharadita de sal
10–12 granos de pimienta
150 g de cebollas pequeñas
250 g de champiñones cortados en láminas
I cucharadita de zumo de limón
55 g de mantequilla
30 g de harina
300 ml de nata espesa

1 Elimine el exceso de grasa de la ternera y córtela en dados de 3 cm. Ponga la carne en una cazuela grande refractaria, junto con la zanahoria, la cebolla, el bouquet garni, la sal y la pimienta. Cubra con unos 500 ml de agua fría y lleve a ebullición, retirando la espuma que pueda aparecer en la superficie. Baje el fuego y deje que hierva lentamente durante 1 1/2 horas, o hasta que la carne esté tierna, espumando con frecuencia. Si es necesario, añada agua hirviendo para que la carne permanezca cubierta por el líquido.

2 Cueza las cebollas durante 10 minutos en agua salada, escúrralas bien y resérvelas. Sumerja los champiñones durante 5 minutos en 2 ó 3 cucharadas de agua hirviendo con sal, a la que se ha añadido el zumo de limón y algo menos de la mitad de la mantequilla. Escurra bien y resérvelos.

3 Pasadas 1 1/2 horas, compruebe que la carne está cocida pinchando un trozo con un tenedor: ha de notarla blanda y debe soltarse del cubierto con facilidad. Retírela de la cazuela. Cuele el caldo y, tras desechar los sólidos, póngalo de nuevo a hervir en el fuego durante 30 minutos o hasta que el volumen se reduzca en dos tercios; durante ese tiempo, retire regularmente el exceso de grasa. En cuanto el líquido se haya enfriado un poco, derrita la mantequilla restante en una cacerola, añada la harina y rehogue durante 1 minuto. Vierta el líquido reducido y déjelo cocer a fuego lento, removiéndolo constantemente. Cuando la salsa se espese, añada la nata, mézclala bien hasta que no haya grumos y sazone al gusto.

4 Incorpore a la cazuela la carne, las cebollas y los champiñones, y deje que hierva a fuego lento durante 5 minutos. Sirva la blanqueta en una fuente honda.

Cassoulet

Las judías son el ingrediente esencial de esta cassoulet originaria de Languedoc y le confieren su consistencia cremosa. La carne, de un tipo u otro según la región, se añade casi al término de la cocción y luego se gratina. El término cassoulet deriva de 'cassole', la olla de barro donde tradicionalmente se preparaba este estofado.

Tiempo de preparación 1 hora 30 minutos
Tiempo total de cocción 4 horas 30 minutos
Para 4–6 personas

250 g de judías blancas secas (variedad navy, redonda y
pequeña) dejadas una noche en remojo en agua fría
100 g de piel de cerdo fresca
100 g de bacon en lonchas
1/2 zanahoria
1/2 cebolla pinchada con un clavo
2 bouquet garni (vea página 63)
1 diente de ajo
40 g de grasa de oca, de pato o de manteca de cerdo
200 g de paletilla de cordero deshuesada
cortada en 8 trozos
200 g de paletilla de cerdo deshuesada
cortada en 8 trozos
1 cebolla pequeña picada
2 tomates pelados, sin semillas y cortados en dados,
o 1 cucharada de concentrado de tomate
1 diente de ajo majado
300 g de salchichón de ajo cortado en rodajas
4 salchichas de Toulouse o salchichas crudas de cerdo
2 muslos de pato o un confit de oca ó 1 muslo
de pato de Maryland (cocinado) de unos 360 g,
cortado en 2 trozos
90 g de pan rallado fresco

1 Precaliente el horno a 180°C. Escurra las judías que estaban en remojo y póngalas en una cacerola grande con abundante agua fría. Añada la piel de cerdo y el bacon y llévelo a ebullición. En cuanto hierva, retire la cacerola del fuego, escurra los ingredientes y aclárelos con agua fría. Sumérjalos de nuevo en agua fresca, póngalos al fuego e incorpore la zanahoria, la cebolla con el clavo, 1 bouquet garni y el ajo. Hiérvalo a fuego bajo durante 1 1/2 horas (no añada más sal, o interferirá en la cocción de las judías y quedarán duras).

2 Mientras las judías se cuecen, derrita la grasa de oca, de pato o la manteca de cerdo en una cazuela grande refractaria. Sazone la espaldilla de cordero y la de cerdo y dórelas en el recipiente. Retírelas y resérvelas. En la misma cazuela, sofría la cebolla hasta que se ablande pero sin que tome color. Añada el tomate o el concentrado de tomate, el ajo majado y el segundo bouquet garni. Caliente el sofrito; cuando hierva, agregue la carne, tape la cazuela y métala en horno durante 1 1/2 horas o hasta que la carne esté tierna. Retírela y resérvela.

3 Reduzca la temperatura del horno a 160°C. Añada el salchichón de ajo, las salchichas de Toulouse y el confit. Deje hervir el guiso lentamente sobre el fuego y luego introdúzcalo en el horno durante 20 minutos. Coloque el confit y las salchichas en un cuenco, manténgalas calientes y reserve la salsa. Reduzca la temperatura del horno a 150°C.

4 Cuando las judías estén casi cocidas (tiernas pero con una cierta consistencia), escúrralas y añada el líquido de cocción a la salsa que había reservado en la cazuela. Retire y deseche las verduras y el bouquet garni. Retire el bacon y la piel de cerdo, déjelos enfriar y, sin mezclarlos, córtelos en dados.

5 Caliente una fuente grande para el horno, cubra la base con algunos trozos de la piel de cerdo y extienda encima una parte de las judías. Añada la paletilla de cordero y la de cerdo, las salchichas, el confit y unos 250–375 ml del líquido reservado. Disponga otra capa de judías, y agregue los dados de bacon, el resto de la piel de cerdo y el líquido. Espolvoree con el pan rallado y rocíe con la grasa de oca derretida. Hornee el guiso durante 1 hora o hasta que el pan rallado se dore ligeramente y sírvalo.

Corned beef con verduras y albóndigas

"Corned beef" es el término inglés que describe la carne rosada en salmuera. Tradicionalmente se sirve con cebollas, zanahorias, nabos y albóndigas ligeramente cocidas en un sabroso caldo. El tuétano, que se extrae del hueso con una cucharilla, resulta especialmente sabroso con una pizca de sal.

*Tiempo de preparación **20 minutos + 3 horas en remojo***
*Tiempo de cocción **4 horas 30 minutos***
Para 6 personas

1 pieza de carne en salmuera de 1 kg
huesos de caña con tuétano de 6 x 5 cm
bouquet garni (vea página 63)
6 granos de pimienta
1/2 cebolla
6 cebollas cortadas en cuartos
4 zanahorias grandes cortadas en cuartos
2 nabos cortadas en cuartos
2 cucharaditas de perejil fresco picado

ALBÓNDIGAS
225 g de harina de fuerza
una pizca de sal
50 g de sebo rallado grueso
115 ml de agua fría

1 Ponga la carne en remojo en agua fría durante 3 horas; luego retírela y aclárela.
2 Llene de agua una cazuela grande con los tuétanos y la carne, y dé un hervor; espume si es necesario.

3 Baje algo más el fuego para que continúe hirviendo lentamente. Añada el bouquet garni, la 1/2 cebolla y los granos de pimienta. Tape la cazuela a medias y prosiga la cocción 3 horas. Retire la grasa y la espuma con regularidad. Deseche el bouquet, la pimienta y la cebolla. Incorpore los trozos de cebolla, zanahoria y nabo, y cueza a fuego lento 40 minutos.
4 Comience a preparar las albóndigas 30 minutos antes de que la carne esté cocida. Tamice la harina y la sal en un bol y añada el sebo. Realice un hueco en el centro, vierta en él un poco de agua y mezcle la harina con un cuchillo. Añada más agua hasta obtener una masa suave, pero sin que resulte pegajosa, y amásela con suavidad hasta que no queden grumos. Con las manos enharinadas, forme aproximadamente 20 albóndigas. Añádalas a la cazuela de la carne y deje que se cuezan durante unos 20 minutos; han de hincharse y flotar en el líquido. Retírelas con una espumadera.
5 Disponga la carne en salmuera en una fuente con las verduras, las albóndigas y los tuétanos a su alrededor. Tápela y manténgala caliente. Reduzca el caldo durante unos 30 minutos, espumando cuando sea necesario, para que tome buen sabor. Vierta el líquido sobre la carne y espolvoree con perejil.

Nota del chef Puede elaborar estas mismas albóndigas para acompañar otras guisos. Basta con que las hierva a fuego lento en 550 ml de caldo de buey o en agua salada.

Bistec a la pimienta

Este sencillo método de preparar un tradicional bistec francés a la pimienta tiene un origen bastante polémico: al menos cuatro cocineros afirman haberlo inventado en diferentes momentos entre 1905 y 1930.

Tiempo de preparación 10 minutos
Tiempo de cocción 30 minutos
Para 4 personas

4 bistecs de cadera o de solomillo de 150–180 g cada uno
100 g de mantequilla clarificada o aceite (vea Nota del chef)
800 ml de caldo oscuro (vea página 63)
50 g de cebollas o de chalotes picados finos
10 g de granos de pimienta negra molidos
50 ml de vino blanco
50 ml de brandy
ramitas de perejil fresco para decorar

1 Sazone los bistecs. Elija una sartén poco profunda y lo suficientemente ancha para que quepan los cuatro bistecs y caliente la mantequilla o el aceite. Cuando humee, añada la carne y dórela por cada lado de 3 a 4 minutos si la desea poco hecha, o algo más si la prefiere en su punto. Retire los bistecs de la sartén, tápelos con papel de aluminio para que se mantengan calientes y resérvelos. Si prefiere la carne bien cocida, fría los bistecs 3 minutos por cada lado, trasládelos a una fuente para el horno y áselos a 200°C de 8 a 10 minutos. Retírelos y cúbralos con papel de aluminio.

2 Vierta el caldo en una cacerola mediana y redúzcalo hasta obtener unos 400 ml. En la misma sartén donde ha freído los bistecs, rehogue las cebollas o los chalotes picados finos durante unos 3 ó 4 minutos y añada luego los granos de pimienta. Vierta el vino y la mitad del brandy, remueva con una cuchara de madera para rascar los jugos de cocción del fondo de la sartén, y hierva el líquido 1 minuto, hasta que adquiera la consistencia de almíbar. Vierta el caldo reducido y llévelo a ebullición. Cueza la salsa durante 7 minutos; cuando quede como almíbar, incorpore el brandy restante.

3 Ponga los bistecs en la sartén con la salsa y caliéntelos de nuevo 3 ó 4 minutos, con cuidado de que la salsa no llegue a hervir. Sirva los bistecs en platos individuales calientes o en una fuente grande caliente. Adorne con perejil y acompañe con patatas fritas o asadas.

Nota del chef Se emplea mantequilla clarificada porque se cuece sin quemarse a mayor temperatura que la normal. Necesitará 180 g de mantequilla para preparar 100 g de mantequilla clarificada. Derrita la mantequilla a fuego bajo en una sartén pequeña y de fondo pesado, sin remover ni agitarla. Retire la espuma de la superficie y disponga a continuación la mantequilla clara en un recipiente, dejando el sedimento blanco en el fondo de la sartén. Tápela y guárdela en el frigorífico hasta que la necesite. Se conserva hasta 4 semanas.

Estofado de marisco

No hay nada que pueda sustituir a los ingredientes frescos y de primera calidad que componen este apetitoso estofado de pescado, muy fácil de preparar. Las vieiras, gambas y champiñones guisados en vino blanco y nata resultan deliciosos si se acompañan con pan crujiente y una ensalada verde.

Tiempo de preparación 20 minutos
Tiempo de cocción 25 minutos
Para 4 personas

16 vieiras sin las conchas
16 gambas grandes crudas
1 chalote grande picado
250 ml de vino blanco
una ramita de tomillo fresco
1 hoja de laurel pequeña
240 g de champiñones cortados en láminas
250 ml de nata espesa
1 cucharada de perejil fresco picado

1 Retire la vena oscura de las vieiras; pele y retire la vena de las gambas, tratando de dejar intactas las colas. En una cazuela grande y cuya tapa cierre bien, ponga el chalote picado, el vino blanco, el tomillo y la hoja de laurel. Lleve a ebullición y hierva durante 5 minutos. Añada las vieiras, las gambas y los champi-ñones. Baje el fuego, tape la cazuela y cueza de 5 a 8 minutos o hasta que las vieiras y las gambas estén cocidas (han de quedar firmes pero no duras). Retire las vieiras y las gambas con ayuda de una espumadera y consérvelas calientes.

2 A fuego más vivo, hierva el líquido de cocción durante 5 minutos. Vierta la nata y cueza otros 5 minutos. Salpimiente al gusto. Devuelva los mariscos a la salsa y remueva durante 1 minuto para que se caliente todo bien. Espolvoree el estofado con perejil y ya puede llevarlo a la mesa.

Chuletas de ternera a la grand-mère

En francés, grand-mère o "abuela" se refiere a una guarnición que se deshace en la boca a base de cebollas glaseadas, bacon, champiñones y bolitas de patata bien fritos, lo que convierte este plato en una comida nutritiva y suculenta.

Tiempo de preparación 30 minutos
Tiempo de cocción 1 hora 15 minutos
Para 4 personas

80 ml de aceite
30 g de mantequilla
4 chuletas de ternera de unos 200 g cada una
250 g de bacon en lonchas cortado en dados
300 g de champiñones
300 g de cebollas pequeñas
1 cucharadita de azúcar
800 g de patatas
30 ml de vino blanco
100 ml de caldo oscuro (vea página 63)

1 Precaliente el horno a 170°C. Caliente una cucharada de aceite en una fuente grande refractaria y añada la mantequilla. Fría las chuletas durante 2 ó 3 minutos por cada lado hasta que se doren bien. Retire la carne del recipiente y resérvela.

En la misma fuente dore el bacon, retire y resérvelo. Añada luego los champiñones y rehóguelos durante 2 minutos, removiendo de vez en cuando. Retírelos y resérvelos. Ponga las cebollas en un cazo con el azúcar y dórelas ligeramente mientras remueve de vez en cuando. Retire las cebollas y resérvelas.

2 Pele las patatas y forme bolitas con una cucharilla para patatas. Caliente el aceite restante en una sartén y fría las patatas hasta que se doren bien; póngalas luego a escurrir en papel absorbente.

3 Vierta el vino en la fuente y remueva bien, rascando el fondo del recipiente para que se disuelvan los jugos de cocción. Cueza el líquido hasta que se reduzca en tres cuartas partes de su volumen. Vierta el caldo y 100 ml de agua y prosiga la cocción hasta que se reduzca a la mitad.

4 Vuelva a colocar la carne y las verduras en la fuente y remueva para que se bañen bien en el líquido. Sazone con sal y pimienta negra recién molida. Introduzca la fuente tapada en el horno de 30 a 40 minutos o hasta que las chuletas estén tiernas y bien cocidas. Sírvalas inmediatamente.

Vaca al curry

Los trozos tostados de carne de vaca o buey guisados en especias aromáticas le abrirán el apetito mucho antes de que la salsa adquiera su magnífico color dorado. Sirva la carne acompañada de arroz basmati, pepino raita y salsa de mango.

Tiempo de preparación **20 minutos**
Tiempo de cocción **2 horas**
Para 4 personas

750 g de carne de vaca o buey para guisar
2 cucharadas de ghee o aceite
1 cebolla grande cortada en aros finos
1 diente de ajo majado
2 guindillas verdes sin semillas y cortadas en láminas
1/4 cucharadita de clavos molidos
1 1/2 cucharaditas de cilantro molido
1 cucharadita de cúrcuma molida
1 cucharadita de garam masala
1/2 cucharadita de guindilla en polvo
1 1/2 cucharadita de comino en polvo
1 cucharadita de sal
375 ml de caldo oscuro (vea página 63)
2 tomates grandes pelados y picados finos
150 ml de leche de coco
200 g de espinacas
100 g de yogur natural batido

1   Limpie la carne de grasa y nervios, y córtela en dados de 3 mm. Caliente a fuego vivo el ghee o el aceite en una cazuela refractaria y fría la carne por tandas durante 3 minutos, o hasta que esté dorada. Retírela del recipiente y resérvela. En la misma cazuela, sofría la cebolla y el ajo de 2 a 3 minutos para que se ablanden. Luego, a fuego más bajo, agregue los pimientos, los clavos, el cilantro, la cúrcuma, el garam masala, la guindilla en polvo, el comino y la sal, y rehogue durante 2 minutos, removiendo constantemente. Hacia el final, puede añadir algunas cucharadas de caldo para que los ingredientes no se peguen ni se quemen.

2   Incorpore el tomate picado y vuelva a colocar la carne en la cazuela. Vierta el caldo (ha de quedar justo por debajo de la carne) y llévelo a ebullición. Con la cazuela tapada, guise el buey a fuego bajo o bien en el horno a 170°C, durante 1 hora y 20 minutos. En caso de que el curry quede demasiado seco, añada algo más de caldo. Compruebe que la carne esté tierna y, si es necesario, prosiga la cocción de 15 a 20 minutos más. Rectifique de sal al gusto.

3   Justo antes de servirlo, añada al curry la cantidad de yogur que desee. Tome este plato caliente acompañado de arroz basmati.

Nota del chef Mientras fríe los dados de carne, vigile que unos no queden encima de otros y que el fuego esté alto; en caso contrario, soltarán los juegos y se cocerán en vez de dorarse.

Cazuela de pollo con tomate y estragón

Esta receta es originaria de Lyon, tercera ciudad de Francia y capital gastronómica del país, situada muy cerca de los viñedos de Borgoña.

*Tiempo de preparación **20 minutos***
*Tiempo de cocción **45 minutos***
*Para **4 personas***

1 pollo de 1,2 kg de peso
aceite o mantequilla para freír
200 ml de vinagre de estragón (vea Nota del chef)
1 kg de tomates
15 g de mantequilla reblandecida
15 g de harina
una ramita de estragón fresco para decorar

1 Corte el pollo en cuatro u ocho trozos, siguiendo las Técnicas del chef descritas en la página 62, y sazónelos con sal y pimienta. En una sartén con un fondo de aceite o mantequilla, dore los trozos de carne por todos los lados, colocándolos primero con la parte de la grasa hacia abajo. Si no caben bien en la sartén, fríalos por tandas. Retire los trozos de pollo y elimine el exceso de aceite de la sartén.

2 Lleve la carne a la sartén y vierta la mitad del vinagre de estragón; tape y guise durante 10 minutos. Dé la vuelta a los trozos de pollo y, con la sartén tapada, continúe la cocción otros 10 minutos, hasta que, al pincharlos con un tenedor, suelten un jugo claro. Retire el pollo de la sartén y tápela para que la salsa se mantenga caliente.

3 Haga dos cortes en forma de cruz en la base de cada tomate y sumérjalos en agua hirviendo durante 10 segundos. Aclare los tomates con agua fría y pélelos desde el corte. Pártalos por la mitad, retire las semillas y luego córtelos en ocho trozos. Ponga a hervir el vinagre restante en un cazo durante 4 minutos. Mezcle la mantequilla reblandecida con la harina, pase la pasta al vinagre reducido e incorpore luego esta mezcla a la salsa. Vuelva a sumergir el pollo en la salsa, añada el tomate y deje que hierva a fuego lento 10 minutos, o hasta que el líquido se pegue al dorso de una cuchara. Compruebe el punto de sal. Para servir, pique el estragón fresco y espolvoréelo sobre la cazuela. Acompañe con una guarnición de arroz.

Nota del chef Para elaborar su propio vinagre de estragón, ponga una ramita de esta hierba en una botella de vinagre de vino tinto o blanco corriente. Al cabo de una semana, retire el estragón y el vinagre estará listo. Haga lo mismo con sus hierbas preferidas.

Chuletas de ternera con chablis en cocotte

Una cocotte es una cazuela redonda u ovalada con dos asas y una tapa que encaja bien, y que tradicionalmente servía para cocinar a fuego lento. Hoy, la carne "en cocotte" es aquella que primero se dora y luego se guisa lentamente en un líquido, ya sea en el horno o en la encimera.

Tiempo de preparación 15 minutos
Tiempo de cocción 50 minutos
Para 4 personas

4 chuletas de ternera de unos 200 g cada una
60 g de mantequilla
300 g de recortes o huesos de ternera picados finos
(pida a su carnicero que se los prepare)
250 ml de vino chablis
bouquet garni (vea página 63)
70 g de bacon en lonchas cortado en dados pequeños
1 cebolla pequeña picada fina
1 zanahoria cortada en dados pequeños
1 nabo cortado en dados pequeños
1 cucharada de perejil fresco picado

1 Sazone las chuletas de ternera con sal y pimienta. Fríalas a fuego moderado en una cacerola con dos tercios de la mantequilla durante 2 ó 3 minutos por cada lado. Cuando estén doradas, páselas a un plato. En la misma cacerola, dore los recortes de la carne y vuelva a incorporar las chuletas. Reduzca el fuego y sofría la carne con el recipiente tapado unos 4 minutos por cada lado. Ponga las chuletas y los recortes en el plato y resérvelos. Aumente el fuego a medio-alto y caliente los jugos de cocción de la cacerola, removiendo constantemente para que se forme un almíbar en el fondo; bastará con 3 ó 4 minutos. Después de colar los recortes de la carne para eliminar el exceso de grasa, incorpórelos de nuevo en la cacerola. Añada el chablis y mézclelo bien, rascando el fondo para que se disuelvan los jugos de cocción. Guise durante 5 minutos o hasta que el vino reduzca su volumen en tres cuartos. Vierta 500 ml de agua y el bouquet garni y deje hervir a fuego lento durante 30 minutos. Cuele la salsa en una jarra y deseche los recortes de ternera y el bouquet garni.

2 Mientras tanto, derrita la mantequilla restante en una sartén y dore el bacon de 2 a 3 minutos. Rehogue la cebolla y la zanahoria durante 2 minutos antes de añadir los trozos de nabo. Reduzca el fuego y sofría, con la sartén tapada, durante 8 minutos.

3 Incorpore la salsa a las verduras, llévela a ebullición y guise durante 10 minutos. Ponga las chuletas de ternera en la salsa caliente y, a fuego más bajo, deje que hierva unos 5 minutos. En cuanto las chuletas estén bien calientes, sírvalas en seguida, espolvoreadas con el perejil picado.

Cordero al horno con salsa de tomate

Este guiso sencillo y a la vez delicioso, aderezado con ajo, bacon y tomates,
se puede tomar acompañado con arroz o pasta fresca.

Tiempo de preparación 25 minutos
Tiempo de cocción 1 hora 45 minutos
Para 4 personas

1,2 kg de paletilla de cordero, deshuesada,
  limpia de grasa y cortada en trozos pequeños
2 cucharadas de aceite
40 g de mantequilla
60 g de bacon en lonchas cortado en dados
1 cebolla pequeña picada
1 zanahoria pequeña picada
2 cucharadas de salsa de tomate
1 cucharada de harina
500 g de tomates pelados, sin semillas y triturados
bouquet garni (vea página 63)
4 dientes de ajo picados
500 ml de caldo oscuro (vea página 63) o agua
1 cucharada de albahaca o perejil fresco picado

1 Precaliente el horno a 180°C. Sazone el cordero con sal y pimienta. Caliente el aceite en una sartén de fondo pesado a fuego medio-alto y fría los trozos de cordero por tandas;

necesitará de 6 a 8 minutos para que se doren bien por todos los lados. Póngalos a escurrir sobre papel absorbente.

2 A fuego moderado, derrita la mantequilla en una cazuela grande refractaria y dore el bacon. Rehogue luego la cebolla y la zanahoria durante 3 minutos. Añada la salsa de tomate y cueza otros 2 minutos. Espolvoree con la harina e introduzca la cazuela en el horno. Después de 5 minutos, retire la cazuela y mezcle la harina con los otros ingredientes. Añada los tomates, el bouquet garni y el ajo. Ponga la cazuela al fuego y cueza durante 5 minutos, removiendo constantemente. Añada luego el caldo o el agua y llévelo a ebullición, sin dejar de remover. Incorpore el cordero, tape la cazuela y métala en el horno durante 1 hora; compruebe que la carne ha quedado tierna pínchandola con un cuchillo afilado.

3 Retire el cordero de la cazuela y cúbralo para que no se enfríe. Pase la salsa por un colador fino, presionando bien para extraer la máxima cantidad de líquido. Deseche los sólidos y vierta la salsa en otra cazuela.

4 Lleve de nuevo la salsa a ebullición, espumando si es necesario, y deje cocer a fuego lento unos 10 minutos, hasta que espese y se pegue al dorso de una cuchara. Añada la carne y caliéntela bien. Sazone el cordero con sal y pimienta, y decore con el perejil o la albahaca en el momento de llevarlo a la mesa.

Técnicas del chef

◆

Cómo cortar el pollo

Generalmente, el plato ganará en sabor si, en vez de comprar el pollo en trozos, lo adquiere entero y luego lo corta. Con este método puede partir el pollo en cuatro u ocho piezas del mismo tamaño.

Corte con unas tijeras de cocina el pollo a lo largo del hueso del pecho.

Corte la pechuga por el tercio superior, obteniendo dos trozos. En esta fase, también puede quitar los extremos del ala, si lo desea.

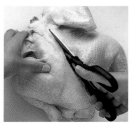
Dé la vuelta al pollo y córtelo a lo largo por los dos lados del espinazo. Retire el espinazo, que debería salir entero.

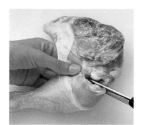
Separe el muslo de la pata cortando por la articulación.

Siguiendo el contorno del muslo, separe la pechuga y el ala.

Ahora ya tiene ocho trozos de pollo de tamaño semejante.

Repita la misma operación con la otra mitad para obtener cuatro piezas.

Cómo hacer el caldo de pollo

Un magnífico y sabroso caldo casero puede constituir el elemento básico del plato principal.

Trocee 750 g de huesos y la carcasa de pollo, y póngalos en una cazuela con una cebolla, una zanahoria y un tallo de apio. Añada 6 granos de pimienta, un bouquet garni y 4 litros de agua.

Lleve a ebullición y hierva a fuego moderado de 2 a 3 horas, retirando con una espumadera la espuma que se forme en la superficie. Pase el caldo por un colador a un bol limpio y espere a que enfríe.

Guarde el caldo en el frigorífico y déjelo toda la noche; después retire la grasa. Si no puede esperar tanto tiempo, cuele el caldo caliente y pase servilletas de papel por la superficie para desengrasarlo.

Cómo congelar el caldo

Puede conservar el caldo durante 3 días en el frigorífico o bien 6 meses en el congelador.

Una vez desengrasado el caldo, hiérvalo y redúzcalo a 500 ml. Déjelo enfriar y guárdelo en el congelador hasta que se solidifique. Guarde los cubitos en una bolsa de plástico bien cerrada.

Cómo hacer caldo oscuro

Los huesos tostados aportan un magnífico color al caldo y lo desengrasan.

En el horno a 230°C, tueste 1,5 kg de huesos de buey o de ternera durante 40 minutos; a la mitad del tiempo, añada una cebolla cortada y 2 zanahorias, 1 puerro y 1 tallo de apio, todo picado.

Pase a una cazuela limpia. Vierta 4 litros de agua, 2 cucharadas de salsa de tomate, un bouquet garni y 6 granos de pimienta. Hierva de 3 a 4 horas, espumando frecuentemente.

Con un cucharón, cuele el caldo a un bol. Presione los sólidos con el cucharón para extraer todo el líquido y guárdelo en el frigorífico. Retire la grasa que se haya formado. Para 1,5 a 2 litros de caldo.

Bouquet garni

Aderece los platos con el sabor y el aroma de las hierbas que ofrece un bouquet garni recién hecho.

Envuelva la parte verde de un puerro sobre una hoja de laurel, una ramita de tomillo, otras de perejil y algunas hojas de apio. Ate el ramo con un cordel, dejando un cabo largo para poderlo retirar con facilidad.

Editado por Murdoch Books® de Murdoch Magazines Pty Limited, 45 Jones Street, Ultimo NSW 2007.

© Diseño y fotografía de Murdoch Books® 1998
© Texto de Le Cordon Bleu 1998

Editora gerente: Kay Halsey
Idea, diseño y dirección artística de la serie: Juliet Cohen

Murdoch Books y Le Cordon Bleu quieren expresar su agradecimiento a los 32 chefs expertos de todas las escuelas Le Cordon Bleu, cuyos conocimientos y experiencia han hecho posible la realización de este libro, y muy especialmente a los chefs Cliche (Meilleur Ouvrier de France), Terrien, Boucheret, Duchêne (MOF), Guillut y Steneck, de París; Males, Walsh y Hardy, de Londres; Chantefort, Bertin, Jambert y Honda, de Tokio; Salembien, Boutin, y Harris, de Sydney; Lawes de Adelaida y Guiet y Denis de Ottawa.
Nuestra gratitud a todos los estudiantes que colaboraron con los chefs en la elaboración de las recetas, y en especial a los graduados David Welch y Allen Wertheim.
La editorial también quiere expresar el reconocimiento más sincero a la labor de las directoras Susan Eckstein, de Gran Bretaña y Kathy Shaw, de París, responsables de la coordinación del equipo Le Cordon Bleu a lo largo de esta serie.

Título original: *Casseroles*

© 1998 de la edición española:
Könemann Verlagsgesellschaft mbH
Bonner Straße 126, D-50968 Köln
Traducción del inglés: Elena Calzada Lladó
para LocTeam, S.L., Barcelona
Redacción y maquetación: LocTeam, S.L., Barcelona
Impresión y encuadernación: Sing Cheong Printing Co., Ltd.
Printed in Hong Kong, China

ISBN 3-8290-0653-5

10 9 8 7 6 5 4 3

La editora y Le Cordon Bleu agradecen a Carole Sweetnam su colaboración en esta serie.
Portada: Ternera a la cazuela con tortitas de hierbas

INFORMACIÓN IMPORTANTE

GUÍA DE CONVERSIONES

1 taza = 250 ml
1 cucharada = 20 ml (4 cucharaditas)

NOTA: Hemos utilizado cucharas de 20 ml. Si utiliza cucharas de 15 ml, las diferencias en las recetas serán prácticamente inapreciables. En aquéllas en las que se utilice levadura en polvo, gelatina, bicarbonato de sosa y harina, añada una cucharadita más por cada cucharada indicada.

IMPORTANTE: Aquellas personas para las que los efectos de una intoxicación por salmonela supondrían un riesgo serio (personas mayores, mujeres embarazadas, niños y pacientes con enfermedades de inmunodeficiencia) deberían consultar con su médico los riesgos derivados de ingerir huevos crudos.